PUBLICATION DE LA RÉUNION DES OFFICIERS

LE
DRAPEAU NATIONAL

SON HISTORIQUE

PAR

L. LÈQUES

SOUS-INTENDANT MILITAIRE

MEMBRE DE PLUSIEURS SOCIÉTÉS SAVANTES.

PARIS

CH. TANERA, ÉDITEUR

LIBRAIRIE POUR L'ART MILITAIRE, LES SCIENCES ET LES ARTS

Rue de Savoie, 6.

1873

LE DRAPEAU NATIONAL

SON HISTORIQUE

PARIS. — IMPRIMERIE DE E. DONNAUD,

RUE CASSETTE, 9.

LE
DRAPEAU NATIONAL

SON HISTORIQUE

PAR

L. LÈQUES

SOUS-INTENDANT MILITAIRE

MEMBRE DE PLUSIEURS SOCIÉTÉS SAVANTES.

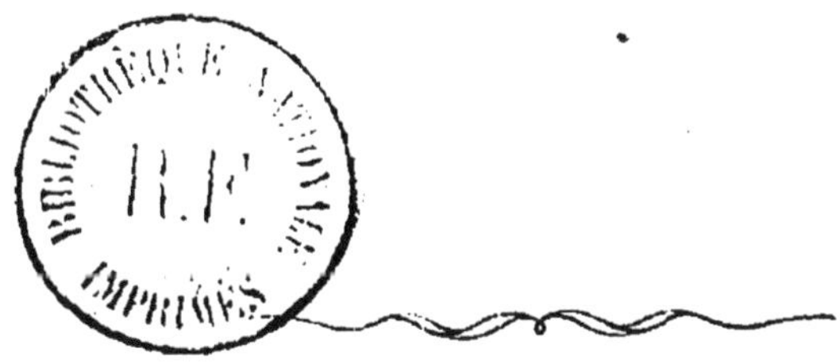

PARIS

CH. TANERA, ÉDITEUR

LIBRAIRIE POUR L'ART MILITAIRE, LES SCIENCES ET LES ARTS

Rue de Savoie, 6.

1873

LE DRAPEAU NATIONAL [1]

A toutes les époques, les combattants eurent des signes qui leur indiquaient la direction à suivre, le point où se rallier. Ces signes, devenus trophées de la victoire, se conservaient ensuite comme témoins de gloire nationale; le triomphe des pères servait d'encouragement aux enfants.

Les signes les plus anciens furent des branches d'arbres, des perches surmontées d'une poignée de foin, des peaux de bêtes sauvages. A ces emblèmes grossiers succédèrent, bien plus tard, des effigies d'animaux symbolisant le courage, la force ou l'adresse. Plus tard encore apparurent des pièces d'étoffes ou enseignes sur lesquelles étaient représentés des animaux, des astres, les images des dieux, etc., etc...

L'emblème militaire et national des Gaulois fut

----

(1) L'équité et un sentiment de reconnaissance nous font un devoir de dire que nous avons fait des emprunts aux ouvrages suivants :

Des anciennes enseignes et estendarts de France, par GALLAND;
Le drapeau de la France, par MARIUS SEPET;
Les drapeaux français, par le comte HENRI DE BOUILLÉ.

le sanglier, que l'on retrouve sur presque toutes leurs monnaies et sur les sculptures de l'arc de triomphe d'Orange.

Les Franks-Ripuaires eurent pour emblème une épée, la pointe en haut; les Franks-Saliens, une tête de bœuf. Sur les enseignes des premiers rois mérovingiens figuraient des animaux emblématiques.

Après l'installation définitive des Franks sur le territoire gallo-romain, il parut dans leurs armées un étendard ayant un caractère à la fois religieux et national. C'était la chape de saint Martin, c'est-à-dire ses reliques parmi lesquelles figurait son manteau, *cappa* (1), dans une sorte d'oratoire portatif. Clovis, converti au christianisme, avait adopté cette cape comme étendard, dans le but de s'assurer le concours des chrétiens orthodoxes contre les Wisigoths, qui étaient ariens. Ce n'était plus seulement un signe de ralliement, c'était encore un objet de vénération. Le manteau du saint était en étoffe vile et grossière de couleur *bleu* foncé.

Franchissons deux siècles : Les Arabes musulmans ne se lassant point d'envahir tant qu'il y avait de la terre devant eux, ravageaient le midi de la Gaule. Avide autant que vaillant, leur chef Abdel-Rhaman (l'Abdérame des chroniques chrétiennes), qui avait entendu parler du trésor de l'abbaye de Saint-Martin, s'était dirigé sur Tours. Il arrivait

---

(1) D'où l'expression qui est en usage « rire sous cape »

déjà sous les murs de la ville. Tout ennemi de l'E-
tat frank fut, dès lors, décrété *Sarrazin* par l'opinion populaire, comme de nos jours l'Arabe ap-
pelle tout étranger du nom de : *Roumi*. Au bruit
de cette invasion, Charles, qui devait, à partir de
ce moment, recevoir le surnom de *Martel*, ac-
court avec le palladium des Franks, et la cape de
saint Martin voit reculer le flot des envahisseurs. Il
est assurément digne de remarque que le christianisme, la civilisation naissante, aient prévalu contre
le déisme, la barbarie, entre Tours et Poitiers, au
lieu même, où, 225 ans auparavant, Clovis avait
vaincu les Wisigoths (1).

Un siècle n'est pas écoulé, et l'on voit « le grand
Karle » se rendre à Rome, replacer Léon III sur le
trône d'où ses compétiteurs l'avaient arraché, et,
pour prix de ce service, recevoir la couronne im-
périale. Outre cette éclatante récompense, le Pape
remit à l'héritier des empereurs de Rome, au moment de son départ, une bannière, en présence de
son armée rangée en bataille. Cette bannière portait
sur un fond bleu, qui était alors la couleur litur-

____

(1) Après la bataille, Charles-Martel fit sceller son épée vic-
torieuse sous l'autel de l'église de Sainte-Catherine de Fierbois.
Avant de se mettre à la tête des armées françaises, Jeanne d'Arc
vint à Sainte-Catherine de Fierbois pour y prendre l'épée de
Charles-Martel, et l'apporta au roi Charles VII, qui était alors
à Chinon avec sa cour.

Une ode, composée par M. le baron Papion du Château, se
vend au profit de la réparation de cette vieille église de Tou-
raine.

gique de saint Martin en sa qualité de confesseur de l'Eglise, six roses rouges. C'était une large flamme à trois queues, ou, si l'on veut, à trois pointes. Au sommet du portant, au-dessus de la bannière, se voyait une houppe. L'éminence sur laquelle eut lieu la remise de cet étendard s'appelait *Mons gaudii*, mont de la joie ; de là l'enseigne retint le nom de Montjoie, et le cri de guerre des Franks fut : *Montjoie*.

Certains étymologistes voient l'origine de Montjoie dans *Mons Jovis* ; d'autres rappellent que, jadis, ce mot servait à désigner des tas de pierres formés dans les champs pour indiquer les chemins à suivre, d'où, à la guerre, Montjoie voulait dire « suivez l'étendard ». Bien qu'il ne nous convienne pas de faire une dissertation et qu'il ne nous appartienne point de décider, encore faut-il que nous mettions quelque preuve au soutien de notre assertion. Dans cette circonstance nous invoquerons le témoignage de la *chanson de Roland*, qui est tout à la fois un poëme épique et un monument historique, et qui fut composée vers la fin du XIe siècle, par conséquent à une époque relativement rapprochée du fait qui nous intéresse.

Voici le passage :

« Le dernier corps est des barons de France ;
» Cent mille sont des meilleurs capitaines,
» Corps ont gaillards et fières contenances,
» Les cheveux blancs et les barbes ont blanches.
» Ils ont vêtu hauberts, doubles cuirasses.
» Et ceint épées françaises ou d'Espagne ;

» **Leurs** écus portent des marques différentes ;
» **A cheval** sont : la bataille demandent ;
» Monjoie ils crient ! Entre eux est Charlemagne ;
» Geoffroy d'Anjou y porte l'oriflamme.
» Fût de Saint-Pierre et avait nom Romaine ;
» Mais de Montjoie son nom là prit échange. »

Mais quelle était cette oriflamme que portait Geoffroy d'Anjou ? Un rituel de l'église de Saint-Martin, au chapitre *de Comite andeganiæ*, nous le fait connaître par ces termes : « *Ipse habet vexillum B. Martini quoties vadit in bello.* »

La chanson de Roland porte un témoignage, sinon mathématique, au moins historique, et nous inclinons à penser que la bannière de saint Martin fut l'étendard suprême du temps de Charlemagne.

En 838, la *Romaine* vit devant Tours la défaite des Northmans qui dévastaient tout le pays depuis l'embouchure de la Loire ; saint Martin s'était acquis un nouveau titre à la vénération des Francks. Pour perpétuer le souvenir de cette victoire, on érigea sur le champ même de la bataille une chapelle sous le vocable. « *Sanctus Martinus de bello* » (Saint Martin le protecteur dans la guerre), et par corruption saint Martin le beau.

Voulant maintenir cette monographie dans les bornes du sujet principal, nous ne parlons pas de la bannière *jaune* de Paris assiégé par les Northmans, non plus des étendards féodaux, non plus des bannières qui précédaient les milices paroissiales. Nous suivrons uniquement l'enseigne par excellence, l'étendard de Charlemagne. Donc, que devint la *Ro-*

maine, le *Montjoie*, dans la suite des temps ? On peut conjecturer qu'elle fut déposée dans l'église de Saint-Denis, lorsque le duc Hugues, proclamé roi à Senlis, vint se fixer au centre de son duché à Paris, qui avait cessé d'être la résidence des rois depuis les Mérovingiens fainéants. Cette conjecture ne doit pas paraître toute gratuite à qui se rappelle que Hugues-Capet, inspiré par les événements heureux qui lui arrivaient, s'était livré à une grande piété et avait placé sa dynastie sous la protection de l'Église, la grande puissance de l'époque. C'est ainsi que ce roi continua toute sa vie à porter la chape d'abbé de Saint-Martin de Tours dont il avait le titre.

Un peu plus tard, quand le comté du Vexin, qui était dans la mouvance de Saint-Denis, fut réuni au domaine de la couronne par l'extinction des anciens comtes, l'abbaye n'eut plus d'autre avoué (1) que le roi. Dès lors, le Montjoie cesse d'être levé et céda la place à la bannière propre de l'abbaye. A Saint-Martin avait succédé Saint-Denis.

Suivant la tradition, cette bannière avait été donnée par Dieu à Clovis et on la gardait à Saint-Denis, parce que le patron du monastère était aussi le patron du royaume. Quelques chroniques racontent que ce serait un don que Dagobert aurait octroyé à

---

(1) Les contingents fournis par les monastères ou par les évêques étaient commandés à l'armée, par un *avoué* qui recevait en échange, à titre de fief, des terres et des droits pécuniaires considérables.

l'époque où il fonda l'abbaye de Bénédictins (1). Ce
qui demeure authentique, c'est que cette bannière
s'appela d'abord *l'enseigne Saint-Denis*, puis fut
nommée *oriflamme* quand elle eut acquis de la célé-
brité à la suite des luttes que les vassaux de l'abbaye
soutinrent contre les Normands. Elle avait cette dé-
nomination dès le commencement du onzième siècle.
La confusion se mit, et ce n'est pas difficile à com-
prendre, dans l'esprit du peuple, qui adopta comme
cri de guerre « *Montjoie Saint-Denis* (2). »

La levée de l'oriflamme donnait lieu à une céré-
monie environnée du caractère le plus pompeux. Le
Roi, après avoir communié à Notre-Dame, se diri-
geait vers Saint-Denis. Après la messe et la bénédic-
tion, il recevait, à genoux, des mains de l'abbé,
l'oriflamme; puis il la confiait à un « chevalier
loyal, preud-homme et vaillant (3). On ne la dé-

---

(1) Dom Vaissaite rapporte que Sisenand, l'un des principaux chefs des Wisigoths, demandant des secours à Dagobert,
lui offrit, au prix de ce service, un riche bassin d'or qui était
conservé dans le trésor de la couronne. Plus tard les Wisigoths
n'ayant pas voulu souffrir que cet objet passât en des mains
étrangères, le rachetèrent 200,000 sols d'or, et ce serait avec
cette somme que Dagobert aurait élevé l'église de Saint-Denis.
Si l'histoire est vraie, ce bassin était un cratère de plusieurs
mètres de circonférence (Viollet-Leduc).

(2) Selon quelques auteurs, Montjoie était le nom de famille
des comtes du Vexin, dont les membres étaient aussi abbés de
Saint-Denis.

(3) Le chevalier désigné se confessait, recevait l'Eucharistie
et faisait serment sur l'hostie de garder fidèlement l'oriflamme
jusqu'à la mort.

ployait et on ne l'arborait au haut d'une lance qu'au moment du combat ; en attendant la rencontre, un chevalier la portait « en esquierpe » (1) c'est-à-dire en écharpe. La guerre terminée, la bannière était, toujours avec la même pompe, reportée par le Roi sur l'autel de l'église abbatiale.

La première levée de l'oriflamme eut lieu en 1124. Il s'agissait de repousser l'Empereur d'Allemagne, Henri V, qui, à la tête d'une nombreuse armée de Lorrains, d'Allemands, de Bavarois, de Souabes, de Saxons, menaçait d'envahir ce coin de terre qu'on appelait le duché de France. Conformément à l'ancienne coutume germanique, Louis VI proclama le ban de l'invasion étrangère ; et ce roi qui, lorsqu'il était réduit à ses propres forces, n'avait sous sa bannière qu'une poignée de combattants, sept-cents chevaliers au plus, voit tous les barons de France, tous les évêques et abbés, les milices paroissiales depuis la Loire jusqu'à la Somme, accourir à son appel et se presser autour des plis mouvants de l'oriflamme. On peut affirmer que l'Allemagne féodale, et peut-être aucun autre pays de l'Europe, n'eût offert à la même époque un pareil spectacle, un patriotisme aussi bien compris. C'est que Louis VI était le père des communes et que le duché de France, ce fief souverain de tous les fiefs, était déjà dans la conscience des populations, la Patrie. Mais écoutons le récit d'un témoin contemporain, l'abbé Suger :

____

(1) Chronique de Saint-Remy, chapitre XLI.

« Les Français, indignés des menaces de ces nou-
» veaux ennemis et pleins encore du souvenir des
» victoires qu'ils avaient jadis remportées sur les
» Allemands, levèrent des troupes de toutes parts et
» les dirigèrent sur Reims. Et quand l'armée fut
» réunie, il s'y trouva une si grand quantité de che-
» valiers et de gens de pied, qu'on eût dit des nuées
» de sauterelles qui couvraient la surface de la terre
» non-seulement sur les rives des fleuves, mais
» encore sur les montagnes et dans les plaines (1). »
L'Empereur, intimidé par cette formidable levée en
masse, se retira au-delà du Rhin, pour signer
bientôt la paix. La route des invasions germani-
ques fut barrée par les volontaires du 12ᵉ siècle,
comme elle le fut, 600 ans plus tard, aux défilés de
l'Argonne, par les volontaires de 1792, et Suger put
ajouter avec raison : « Le royaume est invincible
» quand tous ses membres sont unis. »

Malgré ce résultat immense, on pouvait prévoir que
le choc entre le monde gallo-romain et le monde
germanique n'était qu'ajourné. Le mouvement d'invasion reprit en effet, quatre-vingt-dix années plus
tard, avec une impulsion nouvelle. Il se forma contre la France une coalition dans laquelle entrèrent
les ducs de Limbourg, de Brabant, de Lorraine, les
comtes de Hollande, de Namur, de Boulogne,
l'empereur Othon et le roi d'Angleterre. La lutte

____

(1) D'après Suger, cette armée divisée en huit corps, aurait
compté près de 200,000 combattants, mais il y a sans doute
exagération.

se présentait grave; comme on disait alors, il s'agissait pour la France de devenir Flandre ou pour la
Flandre de devenir France. Mais le même élan de
patriotisme se produisit comme au siècle précédent,
et l'oriflamme qui avait vu reculer l'empereur Henri
présida encore à la défaite de l'empereur Othon, à
bataille de Bouvines. Dieu nous préserve « *de nous
donner loy*, comme dit Montaigne, *d'incliner l'histoire à notre fantaisie.* » Nous rapportons l'histoire
avec une bonne foi absolue ; c'est pourquoi nous di-
sons que, de même que la bannière de saint Martin
avait clos l'ère des invasions au midi, de même
l'oriflamme de Saint-Denis suspendit le cours des
invasions au nord. O ciel ! fallait-il que ce triomphe
ne fût que le prologue d'un drame qui ne s'est pas
achevé... !

Le suprême étendard figurait au désastre d'Azincourt ; il était aussi à Montlhéry. Là s'arrête son
histoire. Nous nous trompons : la popularité de cette
bannière traversa les siècles, à tel point que le
14 juillet 1790, en dépit des idées de l'époque, on vit
à la fête de la confédération nationale défiler, dans
la procession qui se rendait au Champ de Mars, un
porte-oriflamme.

Les archéologues ne se sont pas tous accordés
dans la description qu'ils ont donnée de la célèbre
enseigne, sur sa disposition, sur sa forme, sur sa
couleur. D'aucuns avancent qu'elle était disposée
comme une bannière ; d'aucuns, qu'elle était en
forme de flamme ; d'aucuns, qu'elle était bleue ;

d'aucuns « sans pourtraicture d'autre affaire. » Il serait trop long d'introduire une dissertation dans une étude que nous essayons de faire sommaire. Aussi bien des renseignements suffisants sont fournis par l'inventaire du trésor de l'abbaye de Saint-Denis, lequel fut dressé en 1504 , sous le règne et par l'ordre de Louis XII. Voici en quels termes il est fait mention de l'oriflamme :

« Contre le pilier du coing du costé senestre, un
» éstendard de cendal (taffetas ou soie) fort caduc-
» que, enveloppé autour d'un baston couvert d'un
» cuivre doré, un fer longuet, agu au bout d'en haut,
» que les religieux disoient estre l'oriflambe (1). »

A notre sentiment, puisque l'oriflamme se trouvait enveloppée autour d'un bâton, il est vraisemblable que la draperie n'était pas fixée à une hampe en potence ou en croix à l'instar des bannières de nos églises, mais bien attachée sur le côté de la lance, c'est-à-dire se rapprochant plutôt de la forme des drapeaux de nos jours. Voilà pour la disposition.

En ce qui se rapporte à la forme, le nom même *d'aurea flamma*, indique assez que cet étendard avait la forme d'une flamme, fendue par le bout en plusieurs langues ou flammèches (au nombre de trois, disent la plupart des écrivains), destinées à flotter au vent.

---

(1) L'auteur, le frère Doublet ajoute avoir encore vu l'oriflamme après la réduction de Paris, en la soumission du roi, en 1594, lorsque les reliques furent transportées de Paris à Saint-Denis.

Pour la couleur, aucun doute; elle était rouge. Le rouge était la couleur de saint Denis en sa qualité de martyr (1). L'oriflamme portait brodés en or ces mots : « *joie Saint-Denis.* » A cette époque le rouge était donc à la fois la couleur cléricale, féodale, royale, nationale.

En même temps que l'oriflamme, ou du moins peu de temps après, apparut dans les armées la bannière sous laquelle se rangeaient les vassaux du duc de France, comte de Paris et d'Orléans, la bannière du Roi. Elle figura sur les champs de bataille du treizième, du quatorzième et du quinzième siècle. A la bataille de Bouvines, Galon de Montigny portait la bannière royale. Philippe-Auguste ayant été renversé de cheval, Montigny haussait et baissait son étendard, afin de faire connaître à toute l'armée le péril où se trouvait le roi et, quoique embarrassé par le poids de cet étendard, il faisait au roi un rempart de son corps, renversant à grands coups de sabre tous ceux qui se présentaient pour l'assaillir. Cet étendard assista aux mauvais jours de Crécy, de Poitiers, d'Azincourt, Ce n'était qu'une bannière féodale, pourtant elle survécut à l'oriflamme et il faut en voir la cause dans l'étroite union que la France contracta avec les Capétiens, la première dynastie vraiment nationale. Aussi son véritable nom n'est-il plus oriflamme

---

(1) La couleur liturgique était le *vert* pour les évêques; pour les martyrs, le rouge; pour un confesseur, le bleu.

mais bannière de France. Cette bannière était d'azur, fleurdelisée d'or. Sa forme, c'était un morceau d'étoffe carré attaché latéralement à la hampe et sans queues. Dès le quinzième siècle, on peut donc, sans impropriété d'expression, qualifier de drapeau bleu, le pennon royal, la bannière de France, le drapeau national.

En 1429, au couronnement de Charles VII et vingt années plus tard, à son entrée triomphale dans Rouen, après l'expulsion des Anglais, Havart, écuyer tranchant, portait derrière les pages « un pennon de velour azuré, à quatre fleurs de lis d'or. » Quant à l'étendard personnel de Jeanne d'Arc, « la fille au grand cœur », il était blanc et représentait Dieu adoré par deux anges avec cet exergue : JHESUS MARIE.

Dans le siècle suivant un poëte latin célèbre avec enthousiasme le drapeau de la France : « Ce n'est » pas l'aigle, ce ne sont point les léopards que por- » tent les enseignes des Français, ils n'offrent point » aux regards un animal avide de sang ou d'une » rapacité féroce. La candeur seule se montre en » eux ; une belle et douce fleur y semble répandre » d'agréables parfums. Leur couleur, d'azur céleste, » agréable à tout l'univers, montre que ces éten- » dards sont pour nous tombés du ciel. »

Dès le règne de Charles VII, on voit s'ajouter sur l'antique bannière de France une marque nouvelle, une nouvelle couleur : cette marque, c'est la croix; cette couleur nouvelle, c'est le blanc, qui va devenir, après le bleu et en sa place, la couleur royale et nationale de la France.

La croix blanche était un insigne que les Français portaient sur leurs vêtements de guerre, par opposition directe aux Anglais qui portaient cette croix rouge. Du vêtement, ce signe distinctif passa sur l'étendard. Les francs-archers marchaient sous l'étendard bleu semé de fleurs de lis d'or, traversé par une croix blanche. Le 31 décembre 1494, Charles VIII fit son entrée à Rome, précédé de cet étendard. Ce fut le même qui flottait à Marignan, cette victoire qui répara les sanglantes journées de Crécy, de Poitiers et d'Azincourt.

Cependant le blanc tendit à empiéter de plus en plus, pour ainsi dire, sur le bleu. Vers le milieu du seizième siècle, le drapeau déployait quatre quartiers, deux bleus, deux blancs, toujours avec un semis de fleurs d'or. Vingt ans plus tard, il était mi-partie horizontalement, bleu en haut et blanc en bas. Enfin, sous Henri IV, le drapeau devient complétement blanc (1). Mais, tandis que le blanc était la

---

(1) Le blanc avait été la couleur de la cornette, du pennon royal, le signe particulier de la souveraineté militaire. C'est conformément à cette tradition que les généraux, commandants en chef, portent de nos jours la plume blanche au chapeau, et les chefs de corps, une aigrette blanche.

Les armes de Bourbon-Lamarche-Vendôme étaient au 1er et au 4e quartiers d'azur (bleu) à trois fleurs de lis d'or, à la bande de gueules (rouge) chargés de trois lionceaux d'argent (blanc); aux 2e et 3e d'argent (blanc) au chef de gueules (rouge) au lion d'azur (bleu) armé et couronné d'or brochant sur le tout.

couleur nationale, le *bleu*, le *rouge*, et le *blanc* étaient les couleurs de la branche de Bourbon-Lamarche-Vendôme, dont le roi de Navarre était le chef. C'est sans doute pour ce motif qu'Henri IV envoya aux Hollandais, qui lui avaient demandé le drapeau de la France, un drapeau où ces trois couleurs étaient réunies.

Il y avait dans les régiments autant de drapeaux que de compagnies, plus tard autant seulement que de bataillons; mais à partir de l'ordonnance de 1670, tous les régiments arborèrent un drapeau uniforme, le drapeau blanc aux armes de la maison de France.

L'enseigne blanche fut le symbole de la France pendant les dix-septième et dix-huitième siècles.

Durant cette période, les rois prirent souci de la constitution territoriale de la France. La guerre fut aussi vaste que les intérêts qui étaient en cause; elle eut pour champs de bataille les Pays-Bas, l'Allemagne, le Milanais, la Catalogne, le Roussillon. Le drapeau blanc flotta à Fontaine-Française, à Perpignan, à Rocroy, à Fribourg, à Nordlingen, à Lens, à Senef. Le royaume, agrandi, toucha aux Alpes et aux Pyrénées; Condé, triomphant, déchira, suivant la belle expression du poëte, la *robe verte du Rhin*. La France recula ses limites jusqu'aux frontières de l'ancienne Gaule, et depuis, jamais ces limites n'ont pu être dépassées.

Mais ce n'était pas assez pour les ministres de nos rois de maintenir l'équilibre européen, leur ambition voulait de plus que les autres nations fussent humiliées. Il faut le dire, cette politique violente qui fait consister la gloire d'une nation dans l'humiliation et l'abaissement de toutes les autres, lui est toujours fatale à la longue et devient la source de réactions terribles et de guerres perpétuelles ; car l'amour de la patrie, de l'indépendance et de la dignité nationale est dans la cœur de tous les peuples : pour eux, comme pour les individus, la liberté, l'honneur sont les plus précieux des biens ; et de la part d'une nation humiliée ou esclave, accepter une trêve, signer une paix, c'est ajourner la vengeance....

A son tour, la France dut subir des représailles. Le drapeau blanc s'illustra encore à Fontenoy. Hélas ! à Rosbach, il ne flottait plus que sur un camp encombré de cuisiniers, de perruquiers, de comédiens, de perroquets, de parasols et de caisses de parfumeries. Le pays marchait fatalement vers une révolution.

Au moment où nous arrivons à l'année 1789, il nous faut revenir à cinq siècles en arrière.

En 1356, Paris soulevé, avait adopté comme moyen de reconnaissance contre le parti du Dauphin régent, des coiffures ou chaperons mi-partie rouges et bleus. Au choix de ces couleurs il y avait une raison, c'est que dans les armes de la ville figuraient le *gueules* et l'*azur*, c'est-à-dire en terme de blason, *rouge* et *bleu*. Le prévôt des marchands, Étienne Marcel, chef de l'insurrection, avait même envoyé ce chaperon à d'autres villes, qui ne s'associèrent pas au mouvement. A cette époque, l'esprit communal dominait encore l'esprit national. En 1789, le 14 juillet, les Parisiens qui prirent la Bastille portaient, soit au chapeau, soit sur l'habit, un nœud de rubans rouges et bleus. La cocarde aux mêmes couleurs fut donnée à la garde nationale que le comité permanent des électeurs de Paris, pouvoir insurrectionnel, avait armée en dehors de l'autorité du roi et de l'Assemblée. Le 17 juillet, Louis XVI étant venu de Versailles à l'hôtel de ville de Paris, fut reçu par le maire Bailly, qui lui dit : « Sire, j'apporte à » Votre Majesté les clefs de sa bonne ville de Paris, » ce sont les mêmes qui ont été présentées à Henri IV; » il avait reconquis son peuple; ici, c'est le peuple » qui a reconquis son roi ! » En ce moment, le roi attacha la cocarde parisienne sur la cocarde blanche qu'il portait à son chapeau, ce qui devait, selon la propre expression de La Fayette, nationaliser l'ancienne couleur. Le commandant de la garde nationale faisait une grande erreur : le blanc, étant l'ancienne couleur française, pouvait seul donner un certain caractère national aux couleurs de la révolution, qui étaient essentiellement parisiennes. Suivant le général Bardin, La Fayette tenait à ce que le blanc, considéré comme chevaleresque et caractéristique du pouvoir militaire, représentât parmi les autres couleurs celle de l'armée.

Quoi qu'il en soit, l'origine de la cocarde tricolore a été composée par l'adjonction du blanc, couleur nationale de la France, au bleu et au rouge, couleurs de la ville de Paris.

Se tromperait beaucoup qui s'imaginerait que, dès l'apparition de cette cocarde, il en soit résulté l'adoption immédiate et générale d'un type uniforme d'étendard tricolore pour l'État. Dans la milice parisienne, qui fut pendant quelque temps la seule force armée, il y eut encore des drapeaux anciens pêle-mêle avec des drapeaux portant les trois couleurs disposées d'une façon tout arbitraire. Outre la variété, il y avait la multiplicité. Chaque bataillon avait son drapeau (1), et cette situation dura jusque sous l'empire.

L'Assemblée constituante ordonne, le 24 octobre 1790, que le pavillon français sera composé de trois bandes égales et disposées verticalement : le rouge le plus près du bâton, le blanc au milieu, le bleu à l'extrémité. Ainsi, le drapeau adopté par l'Assemblée constituante est rouge, blanc, bleu.

La Convention régla à nouveau la disposition des couleurs : le bleu devait être attaché à la gaule, le blanc au milieu et le rouge flottant. Un décret du 27 novembre 1792 prescrivit d'effacer ou de couvrir par des étoffes aux trois couleurs tous les emblèmes de la ci-devant royauté qui pourraient encore se trouver sur les drapeaux ou étendards.

Le drapeau de la Convention demeura celui du Directoire et du Consulat. Mais les couleurs affectaient des dispositions très-variées et souvent fort com-

---

(1) C'est de là probablement que viennent les locutions « être sous les drapeaux », « rejoindre les drapeaux. »

pliquées. Ainsi, le drapeau du pont d'Arcole était traversé en diagonale par deux bandes blanches; quatre autres bandes blanches rejoignaient entre eux les milieux des quatre côtés, ce qui divisait l'étoffe en quatre losanges, dont deux rouges et deux bleues, et huit triangles, dont quatre rouges et quatre bleus; au centre était un faisceau de licteur surmonté du bonnet de la Liberté et entouré de deux branches de laurier vertes. On sait que ce drapeau, qui était celui de la 12ᵉ demi-brigade, fut donné, à titre de récompense nationale, au général Bonaparte.

Sous l'Empire, il fut question un moment de remplacer les trois couleurs par le *vert impérial;* pourtant ce projet ne se réalisa pas. On conserva le drapeau tricolore, mais les trois couleurs furent ainsi disposées : un carré blanc ayant ses angles au milieu des côtés du drapeau ; des quatres triangles ainsi formés dans les angles du drapeau, deux étaient rouges et deux étaient bleus. Le carré blanc portait des inscriptions. C'est ce drapeau qui a flotté dans les capitales de l'Europe.

La cocarde et le drapeau tricolores furent naturellement les signes de ralliement des divers partis conjurés contre la Restauration, et la Révolution de juillet 1830 s'accomplit sous les trois couleurs.

En 1848, comme les démagogues voulaient imposer le drapeau rouge, M. de Lamartine, membre du gouvernement provisoire s'opposa avec un grand courage à cette prétention, et, dans une allocution

énergique, à ceux qui se présentaient avec cet insigne, il leur dit : « Retirez-le, la France n'en veut
» pas, elle veut son étendard aux trois couleurs.
» Votre drapeau rouge n'a jamais fait que le tour
» du Champ de Mars ; le drapeau tricolore a fait le
» tour du monde. » Il était écrit que ce drapeau
reparaîtrait vingt ans plus tard, arboré par une effroyable insurrection qui, pendant deux mois, fut
maîtresse de Paris !

Il est un fait curieux à signaler : les membres du
Gouvernement provisoire déclarèrent adopter les
trois couleurs disposées comme elles l'étaient pendant la République, bleu, rouge, blanc. Or ce drapeau n'a été celui d'aucun gouvernement en France.
L'erreur fut réparée quelques jours après.

Après le coup d'Etat du 2 décembre 1851, le drapeau fut surmonté d'une aigle, souvenir du premier
Empire, comme sous la monarchie de juillet, il
avait été surmonté du coq gaulois, souvenir de la
République française. Ce drapeau a guidé nos soldats sur les champs de bataille de Crimée, d'Italie,
de Chine et du Mexique.....

Aujourd'hui, le drapeau national est encore bleu,
blanc et rouge, mais sans que la forme, les dimensions ou les ornements soient déterminés. « En
» attendant qu'une décision ait été prise relati-
» vement aux nouveaux drapeaux à distribuer à
» l'armée, prescrit une circulaire du ministre de la
» guerre en date du 5 juillet 1871, les corps se pro-
» cureront provisoirement des drapeaux de gran-

» deur moyenne, qui ne porteront aucune inscrip-
» tion et dont la hampe sera surmontée d’un fer
» de lance doré..... »

Ici se termine cette étude, trop courte si l’on me-
sure l’importance du sujet, trop longue si l’on con-
sulte la patience du lecteur. Les résultats que nous
avons indiqués demanderaient à être développés,
car, bien souvent, notre affirmation nette a tranché
des questions sur lesquelles la discussion n’est pas
close. Mais on comprendra que l’œuvre de la vulga-
risation ne saurait entrer dans les détails et qu’elle
doit se borner à tracer les traits caractéristiques,
saisissables pour tous.

Maintenant, nous sera-t-il permis d’ajouter quelques considérations ?

Dans ce drapeau tricolore, qui depuis quatre-
vingts ans est vraiment le drapeau de la nation,
chaque couleur a son histoire. Or, le passé ne se
refait point : on ne saurait détacher une page de
nos annales, non plus qu’isoler une couleur de
notre drapeau.

D’ailleurs, le bleu, c’est la France naissante : il
rappelle un âge de foi, et ne sommes-nous pas
payés pour savoir que ce sont les fortes convictions
qui font les peuples forts ?

Le rouge, c’est la France adolescente : il rappelle
un âge de dévouement, et quand le présent est si
sombre, l’avenir si voilé, n’est-ce pas le devoir de
chacun de se sacrifier pour chacun, de tous pour
tous?

Le blanc, c’est la France dans sa croissance : il

rappelle un âge puissant, et pourquoi ne nous souviendrions-nous point que la grandeur de la France est en partie l'œuvre de ses soldats ?

Enfin, le drapeau tricolore, c'est la France parvenue à l'âge viril : l'assemblage de ces trois couleurs a soudé le présent au passé et résume treize siècles de notre histoire.

Alors qu'il déployait une couleur unique, le drapeau national n'était confié qu'à une classe de la population sur laquelle rejaillissait aussi toute la gloire. De nos jours le soin de le défendre, est remis à tous, et pour qu'il nous conduise à la victoire, il suffit qu'il devienne le drapeau de la *Concorde*. Au quinzième siècle, la plus grande partie du territoire était occupée par les Anglais. Par quel prodige fut chassé l'étranger? Sans doute par la force mystérieuse et divine du bras de Jeanne d'Arc, mais aussi par l'union subitement accomplie de toutes les factions qui se déchiraient sur un sol en deuil. « Les » qualifications d'Orléanistes et de Bourguignons, » dit un historien, cessèrent d'être en usage dès » que Jeanne parut : il n'y eut plus que le parti des » Français. »

Ayons aujourd'hui la même intelligence des besoins publics, la même abnégation en face d'un grand intérêt national. Soyons-en bien convaincus, nos dissensions font le jeu de l'ennemi commun. Il faut laisser derrière nous, sur la route parcourue, les passions, les préférences, les récriminations et ne songer plus qu'au salut du pays.

Catholiques, Protestants, Israélites, et vous Li-

bres Penseurs, n'ayez qu'une religion, la religion de
la Patrie ;

Monarchistes, Républicains, Impérialistes et vous
Fédéralistes, n'ayez qu'une opinion, l'opinion de la
Patrie ;

Généraux, officiers, soldats et vous champions
d'un parti, n'ayez qu'une ambition, l'ambition de la
Patrie.

Tous, unissons-nous, serrons-nous les uns les
autres, rallions-nous au drapeau tricolore, qui par-
viendra à former un parti unique, un parti national, le parti de la France. Aujourd'hui, comme au
quinzième siècle, l'existence de la Patrie en dépend.
Accourez, entendez-vous... l'heure sonne...

Puisse ce vœu patriotique être exaucé et l'on
verra notre France reprendre sa haute mission dans
le concert des peuples, « grande prêtresse de la civilisation. »

FIN.

PUBLICATIONS

DE LA RÉUNION DES OFFICIERS

EN VENTE

A LA LIBRAIRIE MILITAIRE DE CH. TANERA.

MÉLANGES MILITAIRES.

N⁰ˢ 1. L'Armée anglaise en 1871, au point de vue de l'offensive et de la défensive.   25 c.

2. Organisation de l'armée suédoise.   25 c.

3 et 4. Mode d'attaque de l'infanterie prussienne dans la campagne 1870-71, par le duc Guillaume de Wurtemberg, traduit de l'allemand par M. Conchard-Vermeil.   50 c.

5. De la dynamite et de ses applications pendant le siége de Paris.   25 c.

6. Quelques idées sur le recrutement, par G. B.   25 c.

7. Étude sur les reconnaissances, par le commandant Pierron.   25 c.

8, 9 et 10. Etude théorique sur l'organisation d'un corps d'éclaireurs à cheval, par H. de la F.   75 c.

11, 12, 13. Étude sur la défense de l'Allemagne occidentale, et en particulier de l'Alsace-Lorraine. Traduit de l'allemand.   75 c.

14. L'Armée danoise. Organisation. Recrutement. Instruction. Effectif.   25 c.

15, 16, 17. Les Places fortes du N. E. de la France, et Essai de défense de la nouvelle frontière.   75 c.

18, 19. De la détermination du calibre dans les armes portatives, par J. L., capitaine d'artillerie.   50 c.

20. Des bibliothèques militaires, de l'établissement d'un catalogue et de la tenue des principaux registres.   25 c.

21, 22, 23, 24. L'Artillerie au siége de Strasbourg en 1870. Notes recueillies par un officier de l'artillerie suisse. Traduit de l'allemand par P. Larzillière.   1 fr.

55. LE TÉLÉMÈTRE DE CAMPAGNE DU COLONEL RUSSE STUBENDOHF, avec planche. 25 c.

56, 57, 58. ÉTUDES SUR LE SERVICE DES ÉTAPES, d'après les renseignements personnels recueillis pendant la guerre de 1870-71 par un officier de l'inspection générale bavaroise des étapes. Traduit de l'allemand par Couturier, lieutenant au 55e régiment. 75 c.

59, 60. APERÇU DE GÉOGRAPHIE MILITAIRE SUR LE LITTORAL DE LA CONFÉDÉRATION DE L'ALLEMAGNE DU NORD, et étude des mesures de défenses prises par les Allemands pendant la guerre de 1870-71 contre un débarquement de troupes françaises, par Dubois, capitaine du génie. 50 c.

61, 62. ETUDE ET ENSEIGNEMENT DE LA STATISTIQUE MILITAIRE, par Chanoine, chef d'escadron d'état-major. 50 c.

63. COMPARAISON ENTRE LE CANON DE CAMPAGNE ET LA MITRAILLEUSE, par E. Klutschack. Traduit de l'allemand par de La Roque, capitaine d'artillerie. 25 c.

64, 65, 66. MÉMOIRE SUR LES FUSILS SE CHARGEANT PAR LA CULASSE employés dans les armées de Prusse, de France et d'Angleterre, par le capitaine Mervin Drake, instructeur de tir. Traduit de l'anglais par M. de Pina, capitaine de frégate. 75 c.

67, 68, 69. MÉMOIRE SUR LA NÉCESSITÉ DE CRÉER DES ÉCOLES DE SOUS-OFFICIERS, par M. Lalobbe, colonel d'état-major. 75 c.

70. DE L'ARMEMENT DE L'ARTILLERIE DE CAMPAGNE. Traduit de l'allemand par d'Astier de la Vigerie, cap. d'artillerie. 25 c.

71, 72, 73. LES MANOEUVRES DE LA GARDE PRUSSIENNE EN 1872, par M. Weil. 75 c.

74. SIMPLIFICATIONS ET MODIFICATIONS AU TITRE VI DU RÈGLEMENT SUR LES MANOEUVRES DE L'INFANTERIE, par M. d'Ussel, capitaine au 27e bataillon de chasseurs. 25 c.

75, 76. NOTES SUR L'EMPLOI DU TEMPS DES TROUPES PRUSSIENNES, suivi de quelques considérations générales sur l'armée française, par M. Dally, capitaine au 102e de ligne. 50 c.

77, 78, 79. MÉMOIRE SUR L'ORGANISATION DES BUREAUX DES ÉTATS-MAJORS ET DES SECRÉTAIRES DES ÉTATS-MAJORS, par Warnet, lieutenant-colonel d'état-major. 75 c.

80. DES MODIFICATIONS A INTRODUIRE DANS LE RÈGLEMENT SUR LES MANOEUVRES D'INFANTERIE, par M. Herbinger, capitaine au 101e régiment. 25 c.

81, 82. LOI DU MOUVEMENT D'UN PROJECTILE DANS L'INTÉRIEUR DU CANON, par J. Lefèvre, capitaine d'artillerie. 50 c.

Paris. — Imprimerie de E. DONNAUD, rue Cassette, 9.

www.ingramcontent.com/pod-product-compliance
Ingram Content Group UK Ltd.
Pitfield, Milton Keynes, MK11 3LW, UK
UKHW021633130726
13696UKWH00005B/2161